Les écritures d'une âme secrète

© 2024 Clara de Prada
Édition : BoD • Books on Demand GmbH,
In de Tarpen 42, 22848 Norderstedt
(Allemagne)
Impression : Libri Plureos GmbH,
Friedensallee 273, 22763 Hamburg
(Allemagne)
ISBN : 978-2-3225-4005-1
Dépôt légal : Septembre 2024

Citation 1

Les énigmes de l'amour peuvent être aussi joyeuses que douloureuses.

Clara

Citation 2

*La tendresse peut parfois être si intense,
qu'elle peut frôler la passion.*

Clara

Citation 3

L' affection peut être autant amitié qu'amour mais elle prend un chemin différent quand il s'agit de l'un ou de l'autre.

Clara

Citation 4

La fragilité du cœur n'est que doute entre tourments et passion.

Clara

Citation 5

Les vibrations de l'âme sont guidées par la passion.

Clara

Citation 6

*Je me refuge dans cette tendresse pour
échapper à la plus grande désillusion :
le chagrin d'amour.*

Clara

Citation 7

J'ai fait de toi mon obsession,
mais c'est plus fort que moi,
car c'est mon âme, qui t'as choisi, toi.

Clara

Citation 8

*Je veux lire dans tes yeux,
la flamme de ton cœur.*

Clara

Citation 9

En te choisissant à toi, je me choisis à moi.
Le respect que tu me portes, me pousse à
m'envoler de confiance.

Clara

Citation 10

Les choix du cœur sont guidés par les ordres de l'âme.

Clara

Citation 11

*Quoi de plus fort que l'âme qui vit en moi ?
La cohésion de nos deux âmes qui vibrent
ensemble.*

Clara

Citation 12

Nos âmes se sont choisies malgré nous,
alors je t'en prie,
à ton tour,
choisis-moi pour toujours.

Clara

Citation 13

*C'est le regard passionnant
et le cœur brûlant que je ressens,
en te voyant.*

Clara

Citation 14

*Mes maux me font réfugier dans les mots,
pour guérir les plaies de mon cœur qui
meurt.*

Clara

Citation 15

La journée, je rêve de m'endormir,
pour te retrouver enfin,
au beau milieu d'un rêve.

Clara

Citation 16

*Attendre l'impossible,
détruit le possible.*

Clara

Citation 17

Il n'y aurait pas plus grande fierté que de marcher à tes côtés.

Clara

Citation 18

Je voulais porter tes doutes, tes peines et tes tourments afin que ton âme soit plus légère à chaque instant.

Clara

Citation 19

Chut ! Je vais te chuchoter un secret : tends l'oreille et tu entendras combien mon cœur bat fort pour toi.

Clara

Citation 20

*Le secret du silence est si lourd à porter,
car je voudrais crier au monde entier,
la fierté que j'ai,
de t'aimer.*

Clara

Citation 21

*Je voulais te chérir, toi,
je voulais t'aimer, toi,
je voulais te porter, toi,
je voulais t'accompagner, toi,
mais pourtant, toi,
tu ne m'as pas choisi moi.*

Clara

Citation 22

*Je te dédie mon cœur, mon âme et tout mon être, alors je t'en prie,
donne moi la main.*

Clara

Citation 23

Pourquoi nous interdire cette évidence ?
Celle de nos deux âmes qui dansent
ensemble.

Clara

Citation 24

*C'est le cœur meurtri,
que je m'apprête à faire le deuil,
de nos vies unies.*

Clara

Citation 25

Qu'existe-t'il de plus cruel que de séparer deux âmes qui ne cherchent qu'à s'aimer.

Clara

Citation 26

Je te regarde, je te désire, je t'admire, je t'adore, je te ressens, je te respire.

Clara

Citation 27

Quand je te regarde, je vois tout simplement une âme pure et douce qui ne mérite que d'être aimée.

Clara

Citation 28

L' univers a connecté nos âmes mais la vie nous a arraché ce destin.

Clara

Citation 29

Je suis dans un tourbillon de passion,
où je ressens les papillons,
se bousculer à l'unisson.

Clara

Citation 30

La passion de notre relation guidera à tout jamais mon âme vers la profondeur de la vie.

Clara

Citation 31

*C'est au creux de tes bras que je m'épanouie
et jouis de la vie.*

Clara

Citation 32

Je t'aime aujourd'hui dans ce monde et je t'aimerai demain dans le prochain.

Clara

Citation 33

Il y a une part de toi, au fond de moi, qui bat plus fort que la loi.

Clara

Citation 34

Je voulais que l'on soit trois.

Clara

Citation 35

La lumière de tes yeux reflètent dans les miens.

Clara

Citation 36

Je veux vivre de toi, tout en moi.

Clara

Citation 37

Si nous faisions un cocktail de notre tension, nous éclabousserions chaque être de ce monde.

Clara

Citation 38

*C'est amoureusement que je te regarde,
c'est tendrement que je te désire
et c'est passionnément que je t'admire.*

Clara

Citation 39

*Je veux me glisser au creux de tes bras,
contre toi, pour ressentir ton cœur qui bat
fort contre moi.*

Clara

Citation 40

Je bercerais ton âme de tendresse et de caresses, je t'en fais la promesse.

Clara

Citation 41

Cet amour secret ne l'est pas tant, car mon regard me trahit, on y lit la passion au fond de mes yeux.

Clara

Citation 42

C'est près de toi que je me sens forte, alors je m'imagine construire cet empire pour gravir toutes les épreuves de la vie, en ta compagnie.

Clara

Citation 43

Tu pourras lire dans mes yeux ce que mon cœur ressent et ce que mon âme entreprend. Il s'agit tout simplement, d'un total chamboulement.

Clara

Citation 44

Imagine un peu combien mon cœur pleure et à quel point mon âme saigne, quand je réalise, que je devrais continuer à vivre sans toi.

Clara

Citation 45

J'espère qu'il y aura toujours un peu de moi dans ton univers car tu as laissé des traces indélébiles dans le mien.

Clara

Citation 46

*La vie est si impitoyable avec nous,
car j'aurais tant voulu découvrir l'amour
auprès de toi chaque jour et chérir chacun de
tes souffles.*

Clara

Citation 47

Il y a tant de sentiments, de passion, d'amour, de tendresse et de respect dans notre histoire que j'aurais tout donné pour en profiter pour l'éternité.

Clara

Citation 48

*Tu es mon monde,
du plus petit au plus grand,
du plus large au plus étroit,
du plus tendre au plus bousculant,
du plus tranquille au plus déstabilisant,
du plus calme au plus fou,
ou encore,
du plus discret au plus criant.*

Clara

Citation 49

Je veux vivre dans ton monde, quel qu'il soit, amène-moi avec toi.

Clara

Citation 50

*La raison, va-et-vient, quand la passion, elle,
garde ses positions.*

Clara

Citation 51

Je suis là, tout près, prête à soutenir tes tourments, pour te guérir à chaque instant.

Clara

Citation 52

Il n'y a pas plus bouleversant que d'empêcher deux âmes liées de s'aimer.

Clara

Citation 53

Eh toi ! Rejoins-moi, je t'emmène avec moi, aussi loin qu'on le pourra, pour vivre juste de toi et moi.

Clara

Citation 54

Je n'ai pas choisi de t'aimer, c'est mon âme, elle seule, qui a décidé de t'accueillir au fond de ses entrailles.

Clara

Citation 55

C'est d'amour près de toi, que je veux mourir, et non pas d'amour, loin de toi que je veux vivre.

Clara

Citation 56

Même si tu m'inspires autant de mots que de maux et autant de désir que de délires c'est malgré tout auprès de toi que je veux ressentir.

Clara

Citation 57

Qu'existe t'il de plus fort que l'intensité de nos cœurs qui battent ensemble pour l'éternité ?

Clara

Citation 58

Tu fais refléter sur moi des effets de clarté que j'adore porter et faire briller face au monde entier.

Clara

Citation 59

Je veux te donner un peu de moi, prendre un peu de toi, pour créer juste un peu de nous deux.

Clara

Citation 60

J'espère que de renoncer l'un à l'autre aujourd'hui, n'entraînera pas pire désillusion que cette séparation.

Clara

Citation 61

Je respire, je vibre, je ressens, je désire, je chéris, j'admire, j'adore, je sens… pour ton être tout entier.

Clara

Citation 62

Je voudrais te consommer pour enfin te prouver ce que je ressens au fond de moi quand je suis enlacée à toi.

Clara

Citation 63

Quelque soit la distance qu'il existe entre nous, rien ne restera plus proche que nos âmes.

Clara

Citation 64

*Enlaçons nos cœurs, nos corps, nos âmes,
nos esprits et nos vies pour concrétiser enfin
l'amour qui nous lie.*

Clara

Citation 65

Ton bonheur n'a pas de prix alors même si mon cœur est pris et épris de toi, je te laisserais partir en douceur.

Clara

Citation 66

Il existe pas plus grand univers que celui qui est derrière la porte de mon cœur.

Clara

Citation 67

*Je suis sur le chemin de la paix et je
comprends désormais, que je suis tombée
pour me relever,
afin d' affronter ce qu'il y a de plus mauvais.*

Clara

Citation 68

Le deuil s'impose, la passion explose, le chagrin s'impose et l'amour s'explose.

Clara

Citation 69

Je combats mes émotions pour accepter que je n'aurais pas gagné cette vie à tes côtés.

Clara

Citation 70

Avec toi, je rêve de bâtir un bien qui saura nous protéger contre la médiocrité des mauvaises pensées.

Clara

Citation 71

Que serait une vie sans amour ?
Elle n'aurait aucun goût, ni aucun sens et particulièrement, la mienne sans le tien, elle n'aurait aucune valeur.

Clara

Citation 72

La vertu de l'amour c'est de permettre à l'autre de se sentir libre et d'aimer cette liberté partagée.

Clara

Citation 73

Quand mon cœur, cessera d'affronter ses tourments, c'est que mon âme aura déjà choisi un autre tournant.

Clara

Citation 74

Nos âmes sont un parfait équilibre de nos alter ego. Se trouver sans même se chercher, n'était pas là l'énigme d'une vie ?

Clara

Citation 75

Autant de douceur que de douleur, j'ai peur,
mais je crois que tu es mon âme sœur.

Clara

Citation 76

Il n'existe pas pire châtiment que d'être réduite à une vie loin de toi.

Clara

Citation 77

Où que tu sois, tu brilles en moi.

Clara

Citation 78

Je chercherai ton âme dans chacune de mes vies, pour avoir la chance de vivre auprès d'elle au moins dans une.

Clara